INTRODUCCIÓN

Así que quieres tocar la batería...bueno, ¿y ahora qué?

¡Felicidades! Has elegido un gran instrumento -uno que hace mucho ruido, pero verdaderamente grande. Tengas un equipo de batería completo o sólo un par de palillos, sigues el buen camino con este libro. Y lo más padre es que le vas a tener una ventaja a los demás, ¡porque muchos bateristas no saben leer música!

En tan sólo un par de semanas, te vamos a tener tocando unos ritmos y estilos fabulosos, además de que aprenderás más acerca del papel de un baterista. Y para el final de este libro, estarás listo para tocar con una banda y para tocar los éxitos -los Beatles, Clapton, Hendrix, y más.

Lo único que pedimos es que sigas estos tres puntos: **tener paciencia**, **practicar** y **avanzar a tu propio ritmo**.

No trates de hacer demasiado, y NO te saltes nada. Si te duelen las manos, tómate el día. Si te frustras, guarda el libro y regresa a él más tarde. Si te olvidas de algo, retrocede y apréndelo de nuevo. Si lo estás pasando bien, olvídate de la comida y sigue tocando. Pero sobre todo, ¡diviértete!

ACERCA DEL AUDIO

Nos da gusto que hayas notado el beneficio adicional de este libro -Audio! Cada ejemplo musical del libro está incluido en el audio para que puedas escuchar como suena y toques con el audio cuando estés listo. Escúchalo cada vez que veas este símbolo: 🔊

Antes de cada ejemplo en el audio hay un compás de «tictac» para indicar cuál es el tempo y el compás. Mueve el ajuste de señal (*Balance*) a la derecha para oír la parte de la batería enfatizada; mueve el ajuste de señal a la izquierda para oír el acompañamiento enfatizado. A medida que te sientas más seguro, trata de tocar la parte de la batería junto con el resto de la banda.

Para obtener acceso al audio por favor visitar:
www.halleonard.com/mylibrary

Enter Code
4804-9067-0689-8277

ISBN 0-634-02382-9

7777 W. BLUEMOUND RD. P.O. BOX 13819 MILWAUKEE, WI 53213

Visite a Hal Leonard en la dirección en Internet: http: // www.halleonard.com

UN BUEN PUNTO DE PARTIDA

Ojo:: Si aún no tienes un equipo de batería, no hay problema. Habrá sugerencias especiales para ti en este libro cada vez que veas este signo.

Observa tu entorno...

Toma asiento y mira bien todo tu equipo de batería. Los tambores y los platillos deberían estar dispuestos de una manera parecida a lo que se ve en la gráfica a continuación:

Los tambores

El platillo *crash*

El platillo *ride*

Los platillos *hi-hat*

La caja

El bombo

Ándale, golpea cada pieza de la batería. ¡Y ahora dale a cada pieza de nuevo!

Si no tienes batería: Puedes usar ollas y sartenes, tazones de plástico, o almohadas y colocar todo a tu alrededor de manera similar a la gráfica.

Siéntate y quédate allí tantito...

Asegúrate de que tu banquillo no esté demasiado alto ni bajo. Deberías poder ver por encima de los tambores, sin estar tú en una posición más alta que los platillos.

Siéntate con una pierna a cada lado de la caja. Pon el pie derecho en el pedal del bombo y el pie izquierdo en el pedal del platillo *hi-hat*.

Si no tienes batería: Siéntate en una silla o en un banquillo con los dos pies llanos en el piso...prepárate para empezar a dar golpecitos con el pie.

Tómalos, por favor...

Los bateristas desgastan un montón de palillos. Sin embargo, por ahora, debes tener un par que sea de poco peso, duradero y, sobre todo, cómodo de usar. Hay dos maneras básicas de agarrar en la mano tus palillos...

agarro emparejada ('matched')

agarro tradicional

Entre las dos, sólo hay diferencia en la mano izquierda. La mayoría de los músicos hoy en día usan la **agarro emparejada**, pero si tú ya aprendiste a usar la **agarro tradicional**, o simplemente te parezca más padre, adelante y opta por la tradicional.

UNAS CUANTAS COSAS MÁS

(...¡antes que toquemos!)

Las partes...

Se usan todas las partes de los palillos, los tambores y los platillos para tocar. Toma un minuto para aprender los nombres de las partes de cada pieza, para que más adelante sepas a qué nos referimos.

El palillo

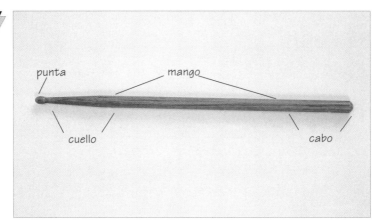

punta
mango
cuello
cabo

Centro del parche

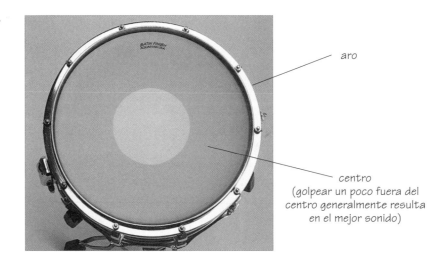

aro

centro
(golpear un poco fuera del centro generalmente resulta en el mejor sonido)

El platillo

campana

cuerpo

borde

Como baterista —además de verte bien en el escenario— tu función principal es mantener un **tempo** constante, preciso y adecuado. El tempo quiere decir la «velocidad» a que se toque la música.

Tictac, tictac...

Un **metrónomo** es un aparato que marca las pulsaciones, es decir, marca el tiempo musical. (¡Aunque no es muy fiable como reloj!). Sencillamente se ajusta el botón selector al número deseado de **tiempos (o partes) por minuto,** y el metrónomo comienza a marcar el tiempo. Puedes sincronizar con ese tictac los golpecitos que des con el pie, y así vas a estar listo para andar...

Hay dos tipos de metrónomo:

Los electrónicos: Éstos ofrecen una opción «silenciosa» con la que una lucecita parpadea, coincidiendo con la pulsación para marcar los tiempos, además de un tictac audible (o en vez de él). También es padre porque muchos cuentan con una salida de auricular para poder escuchar el tempo mientras tocas.

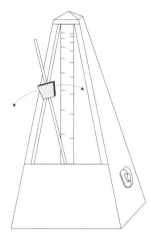

Los que tienen péndulo con contrapeso: Éstos son finos porque se ven Buenos y no necesitan pilas. Son muy precisos también, pero no hay manera de «callar» el ruido del tictac.

En algún momento, te convendrá a ti (tanto como a la banda) comprarse un metrónomo. ¡Es tan imprescindible como un par de palillos!

Opciones y más opciones...

Mucha de la música que toques incluirá **términos de movimiento** que te indicarán el tempo aproximado con que se lleva el compás. Los términos pueden figurar de cuatro maneras distintas:

 Palabras en español («Rápido», «Lento», «Moderado»)—En este caso, sigues el sentido de las palabras.

 Vocablos italianos («Allegro», «Adagio», «Moderato»)—Solamente buscas la palabra en un libro de términos musicales barato, como el diccionario *Hal Leonard Pocket Music Dictionary.*

 Las indicaciones de metrónomo (♩ = 60, ♩ = 120) -Selecciona la velocidad indicada en tu nuevo metrónomo.

 Todas las opciones arriba — ¡Para que no te quepa la menor duda!

DOBLA

DOBLA LA PUNTA DE ESTAS DOS PÁGINAS
(... ¡tendrás que revisarlas más tarde!)

La música es una lengua con sus propias gráficas, estructuras, reglas (y excepciones a éstas). Leer, escribir y tocar música requiere un conocimiento de todos los símbolos y las reglas. Pero vamos a ver cada cosa paso a paso (unos cuantos pasos ahorita, y otros más adelante)...

Las notas y los silencios

La música se escribe con unas cositas que se llaman **notas** y **silencios**, que tienen todo tipo de forma y tamaño. Una nota quiere decir que debes tocar, y un silencio (¡eso es!) que no:

Típicamente, una negra vale un tiempo. Partiendo de aquí, todo se divide como las fracciones (¡tampoco nos gustan las matemáticas!):

El pentagrama y la clave

Todas las notas y silencios se escriben en un **pentagrama,** o cerca de uno, que consiste en cinco líneas horizontales y cuatro espacios. Penta = cinco (del griego). Para los bateristas, cada uno corresponde a una pieza de tu equipo de batería:

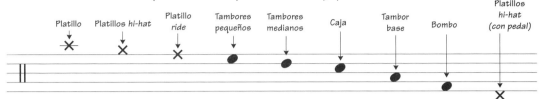

Los instrumentos de altura determinada (como las guitarras y los teclados) usan el mismo pentagrama, pero las líneas y los espacios corresponden a diferentes notas musicales. Un signo que se llama la **clave de percusión** te indica que el pentagrama es para música de batería, y no para notas musicales.

Clave

Aún no debes tratar de memorizar las líneas y los espacios...aprenderás para qué sirve cada uno poco a poco en este libro.

Los compases

Las notas de un pentagrama están organizadas en **compases** que ayudan a saber en qué parte de la canción estás. (¡Imagínate lo que sería leer un libro sin puntos, ni comas o mayúsculas!).

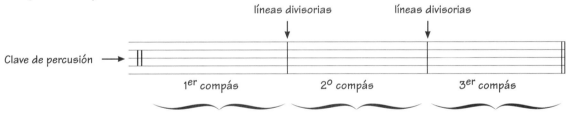

Las cifras del compás

Los compases siempre se representan gráficamente mediante las dos **cifras del compás.** Estas cifras indican cuántas partes se verán en cada compás. El número superior indica cuántos tiempos habrá en cada compás, y el número inferior indica qué tipo de nota será equivalente a una parte.

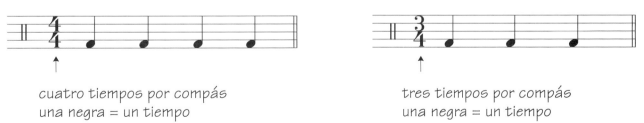

cuatro tiempos por compás
una negra = un tiempo

tres tiempos por compás
una negra = un tiempo

☞ **R**elájate por un rato, lee todo de nuevo más tarde, y luego adelante.
(Confía en nosotros -conforme vamos avanzando en el libro, empezarás a entenderlo).

LECCIÓN 1
No te quedes sentado ahí, ¡toca algo!

Tienes ganas de tocar, así que ¡vamos al grano! Comencemos desde el principio...

El platillo *ride*

Esta pieza es conocida como el **platillo *ride***, platillo montado que tiene función de mantener una pulsación regular...

Las figuras que representan los golpes en el platillo *ride* se colocan en la **línea superior** del pentagrama, con la plica hacia arriba:

LA MARCA DE LA X: La notación de los platillos se distingue de la de los tambores por las cabezas de las notas que tienen forma de «x» para identificar los platillos. Sin embargo, si el valor rítmico viene a ser el de una blanca o una redonda, se usará una cabeza de forma **romboidal**, aunque éstas son poco comunes.

El platillo *ride* se puede tocar de varias maneras. Escucha los ejemplos del audio:
1

Golpear con la punta del palillo.

Dar en la campana del platillo con la punta del palillo que resulta en un sonido de «campanilla».

Golpear con el cuello del palillo en la campana del platillo que emite un sonido metálico fuerte.

Ahora vamos a conocer mejor el platillo *ride*. Cuenta en voz alta «1, 2, 3, 4» mientras tocas lo siguiente con la mano derecha:

🔊 ¡Dale!
2

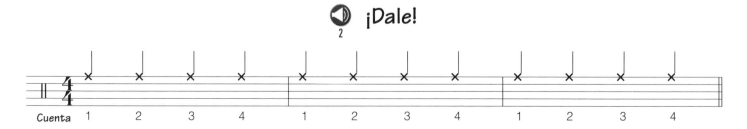

| Cuenta | 1 | 2 | 3 | 4 | 1 | 2 | 3 | 4 | 1 | 2 | 3 | 4 |

¿Qué te parece una negra o una corchea?

Una **corchea** tiene un corchete en la plica:

Dos corcheas valen una negra, o sea, un tiempo. Para que sean más fáciles de leer, las corcheas se escriben con una barra que las unen:

Cuenta las corcheas dividiendo el tiempo y usando la palabra «y» («1 y, 2 y, 3 y, 4 y»):

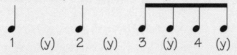

OBSERVACIÓN: Cuando cuentas las corcheas, los números se consideran los **tiempos,** y cada "y" representa un **fragmento del tiempo**, una parte débil del tiempo.

Escucha la banda 3 del audio antes de empezar a tocar las corcheas:

🔊 ¡Con el *ride*! (no. 1)

Las negras suenan bien a menudo cuando se tocan en la campana del platillo *ride*. En cambio, las corcheas suenan mejor a menudo cuando se tocan en el cuerpo del platillo. Escucha y compara los sonidos…

🔊 ¡Con el *ride*! (no. 2)

En muchas canciones tocarás una negra o una corchea en el platillo *ride*. Pero a veces tocarás tanto las negras como las corcheas en una misma canción para señalar las distintas secciones. Practica esto para que puedas alternar entre los dos ritmos sin acelerar o disminuir el tempo.

🔊 ¡Con el *ride*! (no. 3)

OJO: Tocar corcheas no quiere decir que hay que tocar más rápido. Se mantiene el mismo tempo—¡sólo que hay dos notas por tiempo!

LECCIÓN 2
Volviendo al tiempo...

La caja

Esta pieza es una de las más usadas del equipo de batería. Se toca en combinación con el bombo, a veces alternando las partes entre la caja y el bombo, y a veces tocando los dos al mismo tiempo.

Las figuras que representan los golpes en la caja se escriben en el tercer espacio del pentagrama, con la plica hacia arriba o hacia abajo:

IMPORTANTE: Asegúrate de que la caja no esté colocada demasiado bajo. Al tocarla, tu antebrazo no debe rozarte el muslo.

Más opciones...

Existen varias maneras de golpear la caja. Aquí tienes dos posibilidades: un **golpe directo**, y el golpe de acentuación conocido como el **rimshot** (en inglés, literalmente un golpe en el aro).

GOLPE DIRECTO: Con la punta del palillo, golpea el centro del parche de la caja. Deja que el palillo rebote en el parche para permitir que el bordón de la caja vibre y resulte un sonido más pleno.

6a

GOLPE DE ACENTUACIÓN RIMSHOT: Golpea, con el palillo en posición **horizontal**, el centro del parche y el aro de la caja al mismo tiempo, pero no dejes que el palillo rebote.

6b

Escucha los dos tipos de golpe y luego trata de tocarlos.

Si no tienes batería: Olvídate del golpe rimshot.
Practica la técnica de tocar una pulsación regular con las dos manos cada una a su vez.

Aplícalo...

Generalmente, la caja acentúa los tiempos 2 y 4, y articula los sonidos sobre estas partes débiles. Esto produce el efecto rítmico conocido como el **contratiempo**. Cuenta en voz alta «1, 2, 3, 4» y usa la mano izquierda para tocar a contratiempo:

A contratiempo

IMPORTANTE: ¡Un silencio no quiere decir que bajes las manos o que descansen los pies! Durante un silencio, debes seguir leyendo y tener las manos y los pies listos para la próxima serie de pulsaciones a tocar.

En los cuatro ejercicios a continuación, toca ambas piezas, el platillo y la caja, al mismo tiempo. Los ejercicios están grabados uno tras otro en la misma banda:

La caja y el platillo *ride*

Éste es buen momento para descansar, tal vez buscar unos helados.
Cuando regreses, repasas las lecciones 1 y 2 antes de avanzar a la lección 3.

LECCIÓN 3
Al ritmo de los pies...

¡Bienvenido! Pero deja tus palillos, que sigan descansando esas manos, y vamos a centrarnos en los pies.

El bombo

El **bombo** es otra pieza muy utilizada de tu batería -rara vez se queda callado. Su función principal durante una canción es acentuar los tiempos fuertes del compás, que caen generalmente en los tiempos 1 y 3.

Las figuras que representan los golpes en el bombo se colocan en el espacio inferior del pentagrama (lógico, ¿no?) con la plica hacia abajo.

El bombo se toca con el pie derecho oprimiendo el pedal. (¡Sí, hombre, para eso sirve el pedal!). Cuanto más fuerza uses, más fuerte suena. ¡Pruébalo!

Es bueno tener opciones...

Puedes oprimir el pedal de dos maneras:

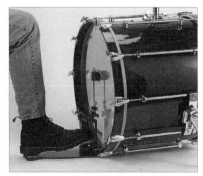

con todo el pie en el pedal

con el talón levantado

Cuando todo el pie está apoyado en el pedal, solamente mueves el tobillo hacia arriba o hacia abajo. Cuando el talón está elevado (y el resto del pie no), hay que compensar usando el peso de toda la pierna para ayudarte a sostener una pulsación regular.

Si no tienes batería: Puedes imitar este movimiento al subir y bajar el pie mientras siga descansando el talón, y luego pisar fuerte usando el peso de toda la pierna.

¡Aplícalo otra vez!

Vamos a conocer mejor el bombo por medio de unos ejercicios. Acuérdate de contar en voz alta («1 y, 2 y, 3 y, 4 y»). Los tictac que se oyen siguen para ayudarte...

🔊 Con el pie, no. 1
9

cuenta: 1 (y 2 y) 3 (y 4 y) 1 (y 2 y 3 y 4 y) etc.

Ahora vamos a incluir unos silencios de blanca. Acuérdate de contar en voz alta:

🔊 Con el pie, no. 2
10

Y ahora, incluimos unos silencios de negra también:

🔊 Con el pie, no. 3
11

¡Fabuloso! Pero no pares con esto...

Añade el platillo *ride* (junto con el teclista en el audio):

Bombo y platillo *ride*, no. 1

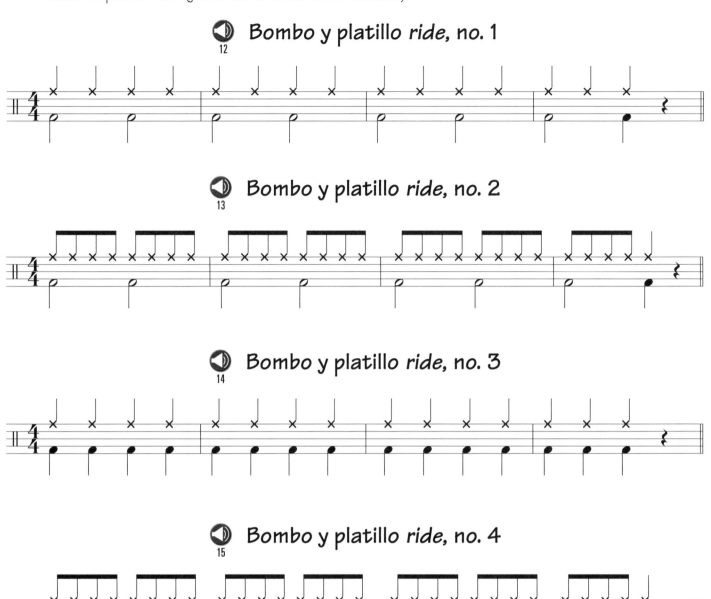

Bombo y platillo *ride*, no. 2

Bombo y platillo *ride*, no. 3

Bombo y platillo *ride*, no. 4

Toca ahora con la combinación (de aquí viene la abreviatura en inglés, «combo») del bombo y la caja (toca todas las notas de la caja con la mano izquierda):

Bombo y caja

Practica siempre lentamente e intenta los tempos más rápidos sólo cuando te sientas más seguro de los ritmos.

LECCIÓN 4
Todo junto ahora ...

Las cuatro secuencias rítmicas a continuación son sencillas pero eficientes. Se han usado **mucho** en los discos de algunos de los mejores bateristas (así que favor de practicarlos con sumo respeto)…

ABREVIATURA: Este signo de repetición (٪) quiere decir que hay que repetir el compás que viene antes, y nos ahorra el esfuerzo de anotar todo de nuevo. (¡Oye, que la tinta cuesta una lana!)

Cambio de actitud…

La manera en que tocas algo es tan o más importante de **lo que** vas a tocar. Un ritmo sencillo que se toca con empeño y confianza en ti mismo es más impresionante que un ritmo complicado que se toca como un cobarde. Así que ¡toca esta página de nuevo como el verdadero baterista que eres!

LECCIÓN 5
Más figuras de platillo...

Has estudiado el platillo *ride* y dos tambores muy importantes. Vamos a estudiar dos platillos montados más que son muy importantes; se conocen por la palabra en inglés—el **hi-hat**, literalmente sombrero, o sea, platillo, alto. Consiste en dos platillos que se pueden tocar de varias maneras: con apertura entre ellos o cerrados, con el pie, con los palillos, o usando todas estas técnicas...

Los platillos *hi-hat* (con el palillo)

En vez de que el platillo *ride* lleve la pulsación, puedes hacerlo en los platillos *hi-hat* con la misma mano que usabas para el platillo *ride* (la derecha, por supuesto). Solamente tienes que mantener cerrados los platillos *hi-hat*, oprimiendo el pedal con el pie, y golpear el borde de los platillos con el cuello del palillo.

Las figuras que representan los golpes en los platillos *hi-hat* y se ejecutan con los palillos se anotan en el espacio encima del pentagrama con la plica hacia arriba.

Mantén los platillos bien cerrados para que resulte un sonido definido y seco, o un poco entreabiertos para lograr un sonido más suave de varios matices.

Qué platillos hi-hat, no. 1

Qué platillos hi-hat, no. 2

Qué platillos hi-hat, no. 3

Qué platillos hi-hat, no. 4

Los platillos *hi-hat* (con el pie)

Toca los platillos *hi-hat* de la misma manera que tocarías el bombo, con el pedal, o fuerte o ligero. Cuanto más fuerte oprimas el pedal, más definido y seco será el sonido.

Las figuras de los golpes en los platillos *hi-hat* que se tocan con el pie se escriben debajo del pentagrama con la plica hacia abajo.

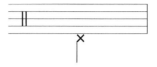

Toca el platillo *ride* con la mano derecha y los platillos *hi-hat* con el pie izquierdo.

El pie izquierdo
25

Repite estos ejercicios pero esta vez más rápido.

Izquierdo, derecho, izquierdo...

Puedes volver a soltar los palillos por un rato durante los ejercicios que siguen -¡usa sólo los pies!

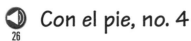 Con el pie, no. 4

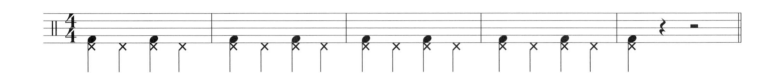

Los cuatro miembros...

Bueno, recógelos de nuevo (tus palillos, hombre):

 Miembros ágiles, no. 1

Miembros ágiles, no. 2

LECCIÓN 6
Ritmos de corcheas

Es hora de echarle ganas y empezar a tocar con ritmo. Estos ejercicios de secuencias de corcheas ayudarán a mejorar tu capacidad para leer música y tu destreza física:

Las corcheas en el bombo

Toca corcheas en el platillo *ride* y concéntrate en tocar negras y corcheas claras y definidas en el bombo:

Ride de corcheas, no. 1

¿Qué pasó con el silencio?

Los silencios de corchea tienen el mismo valor rítmico que las corcheas, sólo que...hay silencio.

Toca negras ahora en el platillo *ride*:

Ride de negras, no. 1

Ride de negras, no. 2

Cambia las negras por corcheas en el platillo *ride* y añade la caja a contratiempo (ya vuelve la banda):

Ride de corcheas, no. 2

Ahora toca a contratiempo con negras en el platillo *ride*:

Ride de negras, no. 3
34

Las corcheas en la caja

Toca corcheas en el platillo *ride*. Acuérdate de practicar lentamente y sólo acelerar cuando te sientas más seguro del ritmo:

La caja y las corcheas, no. 1
35

La caja y las corcheas, no. 2
36

Y ahora añade el bombo:

Puro ritmo (corcheas en el *ride*)
37

Puro ritmo (negras en el *ride*)
38

Toca los ejercicios de esta página de nuevo pero con los platillos *hi-hat* en vez de con el platillo *ride*.

Los signos de repetición tienen dos puntos antes o después de una doble barra (![signo]). Significan simplemente (¡ya lo adivinaste!) que se repite todo lo que aparece entre medio. Si hay sólo un signo de repetición al final (![signo]), hay que repetir todo desde el comienzo de la canción.

🔊 Doce ritmos padres...
39

Aquí tienes unos ritmos, o grooves, de un compás fabulosos que puedes repetir una y otra vez. No son escritos para ser ejecutados uno tras otro, pero en el audio sí escucharás cada uno dos veces, y seguirán uno inmediatamente después de otro...

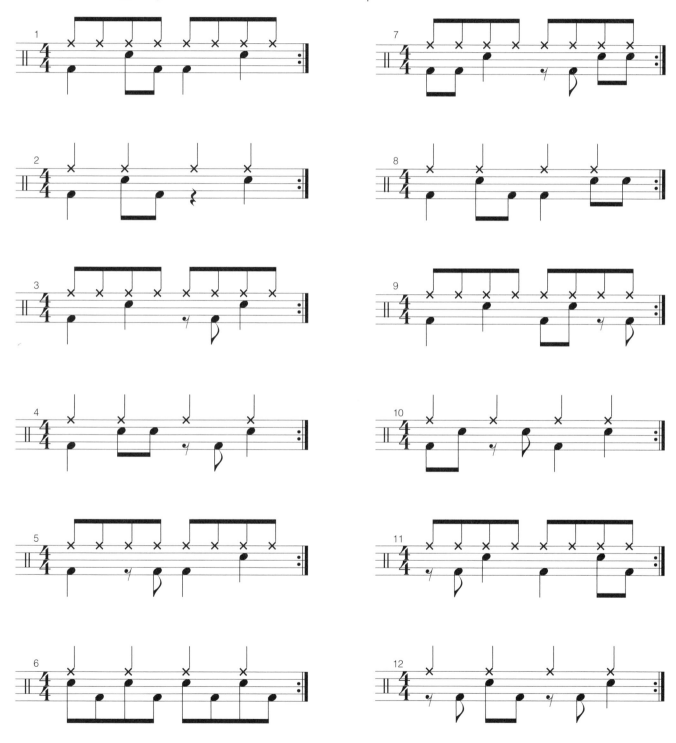

☞ *Otro descanso, otro bocado de algo... pero después, por favor vuelve en seguida.*

LECCIÓN 7

Otro platillo montado...

El platillo *crash*

*O*tro platillo montado es el **platillo *crash*** (en inglés, literalmente 'choque') se usa para acentuar un tiempo fuerte, añadir más energía a **cualquier** tiempo, o para marcar las distintas secciones de la canción.

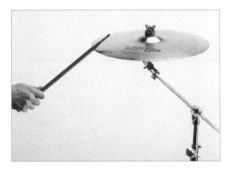

Las figuras que representan los golpes en el platillo *crash* se anotan en una línea encima del pentagrama con la plica hacia arriba. Esta línea se llama una **línea adicional**.

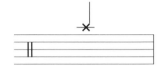

La verdad es que sólo hay una buena manera de tocar el platillo *crash*—¡FUERTE! Con la mano derecha, dale fuerte al borde del platillo *crash* con el cuello o el mango del palillo; el golpe sólo debe rozar el platillo.

🔊 ¡Chocar, crash!
40

Trata de pasar entre los platillos *ride* y *crash* rápidamente, de modo que no se te escape ni una sola corchea.

🔊 Crash chocante
41

¡OYE, MIRA PARA ACÁ! Mira la música, **¡no** mires las manos! (Tu cerebro ya tiene mucho que hacer — ¡no trates de memorizar los ritmos también!)

Las semicorcheas

Estas notas tienen doble corchete o doble barritas para unirlas: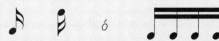

Los silencios de semicorchea se parecen a los silencios de corcheas pero (¡ya lo sabes!) con dos rayitas: ⅞

Más fracciones...

Cuatro semicorcheas valen una negra; dos semicorcheas valen una corchea. A continuación verás un esquema que te ayudará a ver las relaciones entre los valores rítmicos:

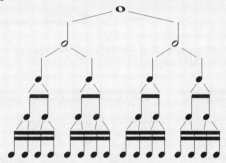

Para contar las semicorcheas, divide cada tiempo aún más, tarareando alguna sílaba onomatopeica por cada fragmento, o sea, cada semicorchea, por ejemplo, «1 (pan) y (tan), 2 (pan) y (tan), 3 (pan) y (tan), 4 (pan) y (tan)»:

Toca las semicorcheas en el platillo *ride*, mientras sigas contando los tiempos con las negras del bombo y la caja:

🔊 Las semicorcheas
42

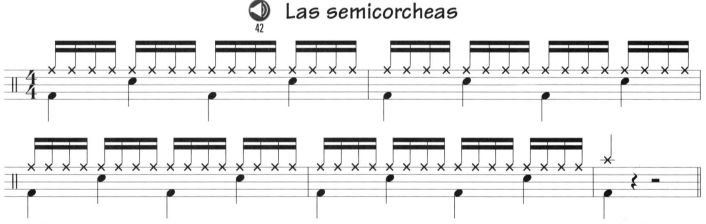

Trata de dar los golpes alternando las manos para tocar las semicorcheas en los platillos *hi-hat*. La mano derecha ha de moverse rápido para golpear la caja a contratiempo.

🔊 Alternar las manos
43

¡No tan rápido, mi cuate!

No creías que iba a ser **tan** fácil aprenderlas, ¿no? Siguen algunos ejercicios que te permitirán aprender a tocar las semicorcheas en todos los tambores y platillos que hemos estudiado hasta ahora…

Bombo y platillo *ride*

Caja y platillos *hi-hat:*

IMPORTANTE: Acuérdate de contar «1 (pan) y (tan), 2 (pan) y (tan), 3 (pan) y (tan), 4 (pan) y (tan)» para que las semicorcheas del bombo sean ejecutadas con precisión.

Semicorcheas en el bombo

Semicorcheas en la caja

Mezcla notas de todos los valores…

Mezcla, no. 1

Mezcla, no. 2

LECCIÓN 8
Los puntillos...

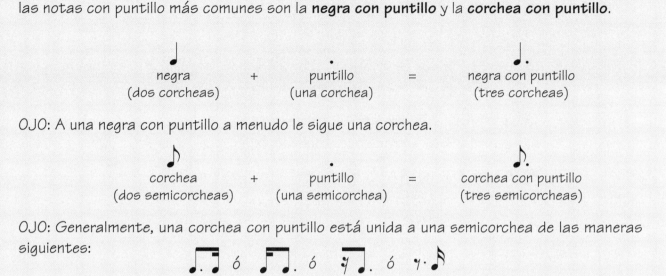

Un **puntillo** aumenta la duración de una nota por la mitad de su valor. Para los bateristas, las notas con puntillo más comunes son la **negra con puntillo** y la **corchea con puntillo**.

negra + puntillo = negra con puntillo
(dos corcheas) (una corchea) (tres corcheas)

OJO: A una negra con puntillo a menudo le sigue una corchea.

corchea + puntillo = corchea con puntillo
(dos semicorcheas) (una semicorchea) (tres semicorcheas)

OJO: Generalmente, una corchea con puntillo está unida a una semicorchea de las maneras siguientes:

Los ejercicios a continuación tienen notas con puntillo. Practica lentamente y cuenta en voz alta:

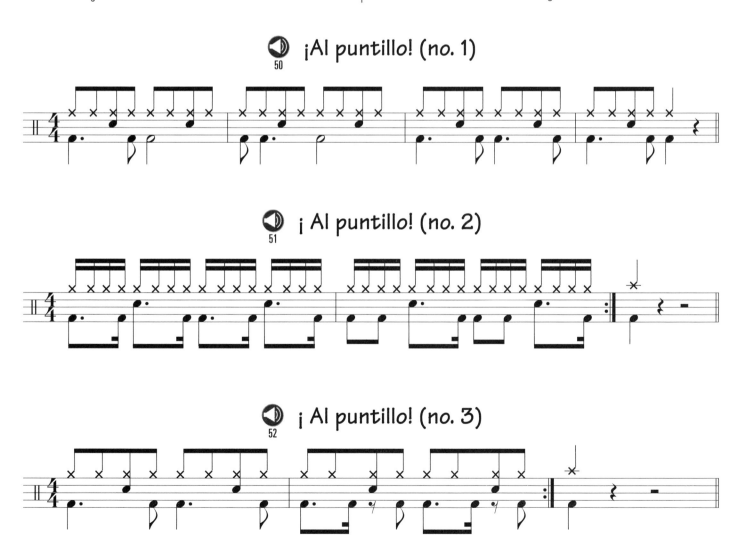

¡Al puntillo! (no. 1)
50

¡ Al puntillo! (no. 2)
51

¡ Al puntillo! (no. 3)
52

Doble diversión…

En muchas canciones, tocarás el mismo ritmo de un compás varias veces. (¿Te acuerdas del signo de repetición de la página 15?). Pero a veces, es más interesante repetir un ritmo de dos compases de largo.

Un **signo de repetición de dos compases** se anota así:

IMPORTANTE: No quiere decir que se repite un compás dos veces, sino que repites otra vez los dos compases que acabas de tocar. Por ejemplo, cuando veas esto:

…toca esto:

La pista 53 del audio te aclarará este punto…

Dos veces

Más sobre la caja...

Para mucha de la música que se toca en la batería, cada mano tocará independientemente de la otra en diferentes partes del tiempo. Sin embargo, a veces, las manos trabajan en combinación para ejecutar los ritmos.

Toca el siguiente solo de caja. Mantiene una pulsación regular en el bombo y no olvides de seguir la **técnica de manos** (qué mano se debe usar) recomendada, y que se anota encima del pentagrama.

Técnica de manos, no. 1
54

☞ ES BUENO SABER ESTO: Usa estos ritmos como la base de los fills y los solos.

LECCIÓN 9
¡Prepárate para los fills!

Has estudiado las piezas de tu equipo de batería que se usan para tocar los ritmos básicos. Ahora vamos a hacerlo más sabroso con tres tambores más...

Los tambores

El sonido de tus tres **tambores** (*tom-toms*) varía de altura, desde un sonido alto a uno bajo:

Los tambores flotantes son montados con herraje en el bombo. El **tambor pequeño** se anota en el espacio superior del pentagrama; el **tambor de tamaño mediano** se anota en la cuarta línea:

El **tambor base** se coloca sobre el piso con herraje de tres patas. Se anota en el espacio encima del que ocupa el bombo:

 NOTA: Es posible que cuentes con más de tres tambores (¡suertudo!). Por ahora, céntrate en estos tres que son los principales.

Toca cada tambor, del que tiene el tono más agudo (alto) al más grave (bajo), y luego del más bajo al más alto. Después toca este ejercicio (pero asegúrate de observar la técnica de manos adecuada)...

🔊 Técnica de manos, no. 2
55

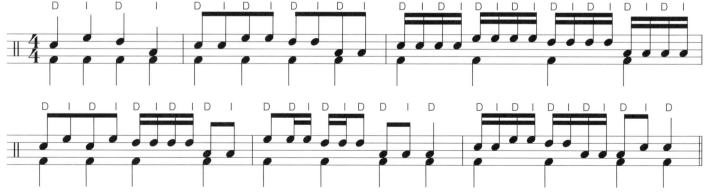

 **Si no tienes batería:** saca más sartenes, tazones, almohadas, hermanitos...cualquier cosa que puedas golpear.

Se pueden tocar los tambores en los tiempos principales, al igual que con la caja y el bombo, pero más común es que se usen para tocar los fills (del inglés para el acto de llenar), como este ritmo:

¡Un fill!

Haz lo tuyo…

Puedes usar los tambores, la caja, los platillos o todo para tocar un fill. Los fills pueden durar uno, dos o más tiempos. Usa las semicorcheas, las corcheas, o hasta las negras. Escucha cuatro diferentes tipos de fills en la pista 57 del audio, luego trata de improvisar uno propio:

Un fill para cada ocasión

Puedes usar todos o sólo partes de los siguientes ritmos para improvisar los *fills*. Hasta puedes tocarlos uno después de otro durante los solos de batería. En la pista 58 del audio, se oye cada secuencia rítmica dos veces, y sigue de inmediato la siguiente secuencia.

🔊 Secuencias rítmicas
58

SUGERENCIA: Sigue leyendo las notas que vienen después de lo que tocas. De esta manera, podrás anticipar lo que te espera y tener las manos preparadas.

30

No sólo para llenar...

Se pueden incorporar los tambores a los tiempos y los ritmos para añadir un toque de color y fuerza.

La fuerza de los tambores, no. 1

La fuerza de los tambores, no. 2

La fuerza de los tambores, no. 3

La fuerza de los tambores, no. 4

Para un efecto de mucha fuerza, usa el tambor base para llevar la pulsación en vez de los platillos hi-hat o ride.

La pulsación de los tambores

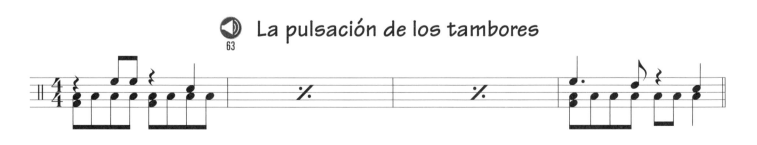

Qué descansen un rato las manos, los pies y tu mente -mira un poco de televisión. Luego, repasa las lecciones 1 a 9 de nuevo, y pasa después a unos ritmos de mucho groove...

LECCIÓN 10
Tienes estilo...

Como ya mencionamos, hay varias maneras de tocar muchas de las piezas de tu batería...

Los platillos *hi-hat* abiertos

Cuando llevas la pulsación en los platillos *hi-hat* cerrados, puedes añadirle color y acentuación a un ritmo si abres los platillos de vez en cuando. La pista 64 del audio te da una buena idea de este nuevo sonido.

Una figura de platillos *hi-hat* tiene un «o» encima de la nota para indicar que están abiertos.

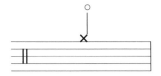

Levanta el pie del pedal al tocar el golpe abierto, golpeando los platillos *hi-hat* con tu palillo, luego vuelve a cerrar los platillos con el pedal al mismo tiempo que toques la nota que sigue:

🔊 Hi-hat abierto
64

Levanta el pie del pedal al tocar esta nota   Pisa con el pie en el pedal al tocar ésta

Ahora incorpora este efecto a algunas partes:

🔊 En un abrir y cerrar, no. 1
55

🔊 En un abrir y cerrar, no. 2
55

🔊 Días de disco
55

Efecto de cross-stick en la caja

Un efecto popular y muy usado requiere colocar el palillo sobre el parche de la caja y golpear ligeramente el cuello del palillo contra el aro.

Este efecto se conoce como el **cross-stick**, y produce un sonido que se anota con un círculo alrededor de la cabeza de la nota de la caja:

El efecto cross-stick es muy útil para las baladas...

Estilo de balada, no. 1
68

Estilo de balada, no. 2
69

A continuación hay dos secuencias rítmicas que usan el sonido del efecto cross-stick:

Efecto cross-stick, no. 1
70

Efecto cross-stick, no. 2
71

¡Fabuloso! Mira el tempo de tu metrónomo. (Ya te has comprado uno, ¿verdad?). ¿Y ya tocas al debido tempo?

Los flams

Una muy buena manera de hacer que el sonido de un tambor proyecte y resuene más es tocarlo con los dos palillos CASI al mismo tiempo. Este efecto de ornamentación se llama un **flam**, y se anota así:

La notita se llama un **quiebro** y se toca sólo un poquito antes y más ligeramente que la nota principal. Para tocar un flam, comienza con un palillo a una distancia de solamente unos dos a cinco centímetros sobre el tambor mientras que la otra mano se prepara para golpear desde la posición normal (o la posición para acentuar un golpe). Si bajas los dos palillos a la vez, el que empieza desde la posición más cercana al parche llegará primero, produciendo así el sonido "pleno" característico del flam.

Se pueden tocar los flams en el mismo tambor, o entre diferentes tambores. La pista 72 te dará una idea de estos sonidos:

🔊 Flam rataplán
72

Los flams le proporcionan un carácter algo militar al sonido de la parte de la caja…

🔊 Battle *Flam* of the Republic
73

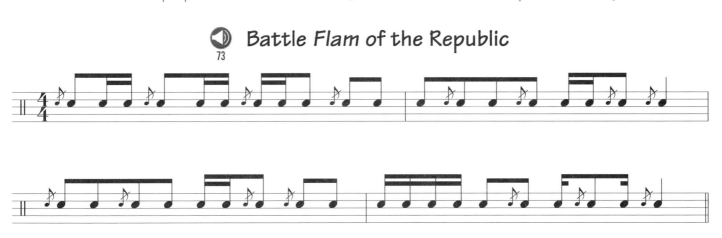

Los flams también sirven para darle energía a las introducciones, las secuencias rítmicas y los fills…

🔊 ¡Un *flam*!
74

HORA DE HACER UN CAMBIO

Aunque el compás de 4/4 es el más común en la música rock, *blues, country, funk,* y *popular,* no es el ÚNICO que se usa. También, de rez en cuando, se presentar su compás de 3/4. (Vuelve a la página 7 para un repaso rápido).

A continuación se encuentran doce ritmos en compás de 3/4 (es decir, hay tres tiempos por compás). Cada uno se repite dos veces en la pista 75, y le sigue el próximo ritmo inmediatamente...

Ritmos de tres
75

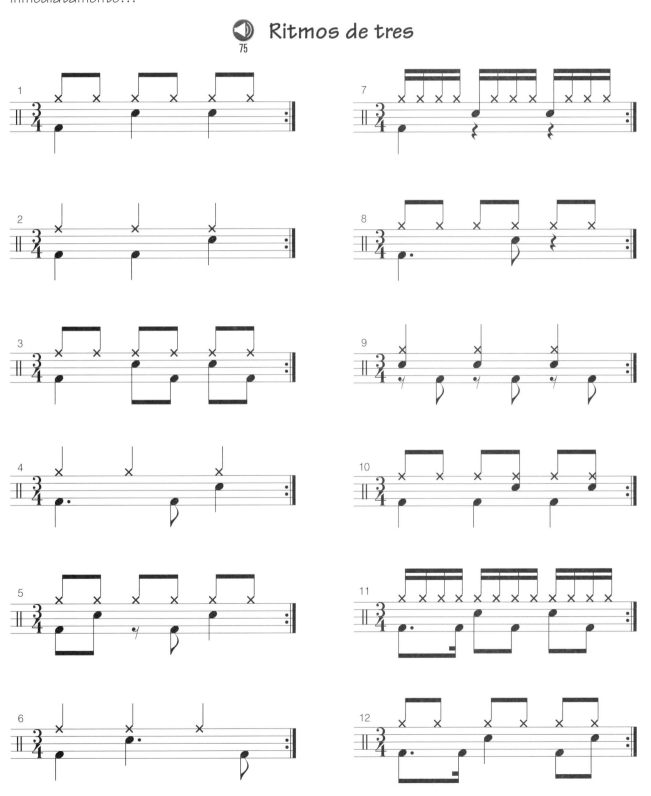

Tócalos otra vez, pero ahora más rápido...

LECCIÓN 11
Ahora te toca...

Es común que, los otros instrumentos dejen de tocar -¡o hasta pueden dejar el escenario!- cuando es tu turno para tocar el solo de batería. (La verdad que no es justo, ¡porque tú no puedes descansar durante SUS solos!).

Cuando eres el único que toca, el reto es mantener un ritmo interesante y también seguir tocando las frases musicales. Una manera de lograrlo es mantener una pulsación regular en el bombo y tocar el solo en las demás piezas. Inténtalo ahora...

Fab Solo

Otra manera de sostener ese ritmo durante tu solo es mantener una serie de semicorcheas constante y crear un ritmo interesante mediante **la acentuación** de ciertas notas. Se marca una nota acentuada con este signo de acentuación: >

El próximo ritmo te ayudará a aprender a tocar los acentos en diferentes partes de los tiempos. Golpea las notas acentuadas mucho más fuerte que las notas sin acento.

¡Acentúalas!

77

Ahora toca otro solo...

Acentuación del solo

78

EL PLACER DE LAS PIEZAS

Si tienes una batería básica, muy probablemente hemos estudiado la mayoría, si no todas las piezas. Aún así, puede que tengas o quieras añadir unos cuantos <<juguetitos>> más al equipo de batería. La gráfica a continuación es de la batería de tus sueños, con los nombres de cada pieza extra...

Más tambores
Cuantos más haya, mejor -te dan más opciones para improvisar los fills

Más platillos
¡Dale duro!
(¿Y tus pobres vecinos?)

La pandereta
Montada en un soporte, se convierte en otro sustituto del hi-hat

La esquila
Puede sustituir los platillos hi-hat o ride para un sonido más seco y duro

Pedal de doble bombo o dos bombos
Te permiten tocar corcheas y semicorcheas más rápidas con los pies

 Si no tienes batería: No tengas envidia -sólo búscate más cosas de la cocina. En serio, ¡una tetera produce un sonido de esquila de maravilla!

LECCIÓN 12
Las estructuras...

Bueno, ya puedes tocar todo tipo de combinación de negras, corcheas y semicorcheas. Puedes tocar los *fills* y solos. ¡Es tiempo de tocar unas canciones!

Un momento, no puedes usar cualquier golpe donde te pegue la gana, y hay además momentos y lugares muy específicos para los *fills* y los golpes en el platillo *crash*. Tomemos un minuto para estudiar la estructura de una canción...

Tocar las canciones

La mayor parte de las canciones tienen distintas secciones, entre las cuales puedes encontrar las siguientes:

 LA INTRODUCCIÓN (o «intro.»): Ésta es una sección corta al comienzo que (¡sorpresa!) introduce la canción a los oyentes.

 LAS ESTROFAS: Una de las principales secciones de la canción es la estrofa. Generalmente hay varias estrofas, todas con la misma música pero con texto diferente para cada estrofa.

 EL ESTRIBILLO: Otra de las principales secciones de una canción es el estribillo. Una vez más, puede haber varios estribillos entre las estrofas, pero cada estribillo tiene a menudo el mismo texto.

 EL PUENTE: Esta sección sirve de transición entre una parte de la canción y otra. Por ejemplo, podrás encontrar un puente entre el estribillo y la estrofa que sigue.

 LOS SOLOS: A veces los solos se tocan sobre la base de la estructura de la estrofa o del estribillo, pero en algunas canciones, la sección del solo cuenta con estructura propia. Las secciones de solo pasan por lo general al guitarrista, pero a veces puedes tener suerte y ser el centro de la atención.

 LA CODA: Es similar a la introducción. Esta sección conduce a la conclusión de una canción. Sin la «coda» (del italiano para «cola»), la canción puede terminar de manera abrupta o desvanecer el sonido poco a poco. Cualquier manera de llegar al final está bien, con tal de que sea convincente y se interprete con seguridad.

Qué y cuándo...

A menudo tocarás el mismo ritmo básico durante la canción entera, pero a veces podrás tocar las secciones con pequeñas variaciones. Aún así, probablemente deberás tocar cada estribillo, estrofa, etcétera, de la misma manera. (Esto les indicará a los oyentes qué parte de la canción van escuchando).

Los golpes de platillo *crash* son eficientes para marcar el comienzo de una nueva sección, o la mitad de una sección.

Los *fills* son mejores cuando se tocan al final de una sección. Sirven para alertar de que la canción está a punto de pasar a un campo nuevo, tal vez jamás visto antes.

> ¿**L**o entendiste? ¿No estás seguro? No te preocupes -los ejemplos de las páginas que siguen te darán una mejor idea sobre cómo crear la parte de la batería para una canción. Al final, te esperan tres canciones completas... pero ¡NO TE SALTES NADA!

Para hacer una diferencia...

Como te acabamos de explicar, a menudo tocarás un solo ritmo durante buena parte de la canción, adornándola con varios *fills* y golpes de platillo. A veces es bueno cambiar los matices del **sonido** y el **impacto** del golpe que uses en diferentes secciones de la canción.

 Podrías llevar la pulsación en los platillos *hi-hat* durante las estrofas y cambiar al platillo *ride* para los estribillos, sin variar la caja ni el bombo.

 Podrías cambiar de una pulsación de corcheas para las estrofas a una de negras para los estribillos, una vez más sin variar la caja ni el bombo.

 Trata de combinar un cambio en los matices del sonido con el impacto del golpe: pulsación de negra en los platillos *hi-hat* para las estrofas; y una pulsación de corcheas en el platillo durante el estribillo. Y quizás una pulsación negra en la campana del platillo durante el solo de guitarra. (Hombre, ¡eso sí funciona!)

A veces querrás cambiar el ritmo del todo entre las diferentes secciones de la canción. La mayor parte del tiempo, los diferentes ritmos que uses en una sola canción deben ser bastante parecidos. Mira bien los tres ejercicios que siguen para sacar algunas ideas:

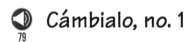 Cámbialo, no. 1

40

Cámbialo, no. 2

Cámbialo, no. 3

OJO: Casi has llegado al final de este libro. Descansa un rato, corre a tu tienda de música y cómprate el cancionero FastTrack Drums Songbook!
(No te arrepentirás).

Las conclusiones...

Muchas veces, la única diferencia entre las estrofas o estribillos de una canción es el **texto**. La guitarra, el bajo, el teclado y la batería tocarán exactamente la misma cosa durante cada sección -con excepción del final.

Trata de tocar un *fill* diferente (o haz algún tipo de cambio) al final de cada sección que te conduzca a la siguiente.

En estos casos, verás música escrita con indicaciones de las **primera y segunda conclusiones**. Para indicar las conclusiones se usan corchetes (horizontales) y los números «1» y «2» encima del pentagrama. En el ejercicio a continuación, toca hasta llegar al signo de repetición del tercer pentagrama, y repite todo desde el comienzo. La segunda vez, te saltas la «1a conclusión» y toca la «2a conclusión» hasta el final.

Escucha la pista 82 antes de tocar, y te darás cuenta de lo que queremos decir...

A la primera...

42

La anticipación...

¡No sueltes todo lo que sabes en los primeros cuatro compases! Es a menudo muy eficaz comenzar con ritmos sencillos e ir poco a poco haciendo la parte de la batería más y más interesante a medida que avanza la canción. La emoción del público va a aumentar y corresponder a lo que toques, como sucede en el ejercicio que sigue...

🔊 ¡Dale poco a poco!
83

COMPÁS BINARIO

(... no es marcha militar)

El mismo tipo de compás se puede anotar de dos maneras distintas. Por ejemplo, en vez de escribir el ritmo de una balada con una pulsación de semicorcheas, con los golpes de la caja a contratiempo (en los tiempos 2 y 4), este mismo ritmo se puede escribir con una pulsación de corcheas y el golpe a contratiempo de la caja en el tiempo 3 de cada compás.

Este ritmo se dice ser de **compás binario**. Escucha la pista 84 del audio. Se puede anotar de cualquiera de las maneras que se ven a continuación. Si se escribe como en el primer ejemplo, el tictac de la introducción del audio representa cuatro negras; pero con la segunda notación, el tictac representa cuatro blancas.

Es todo igual

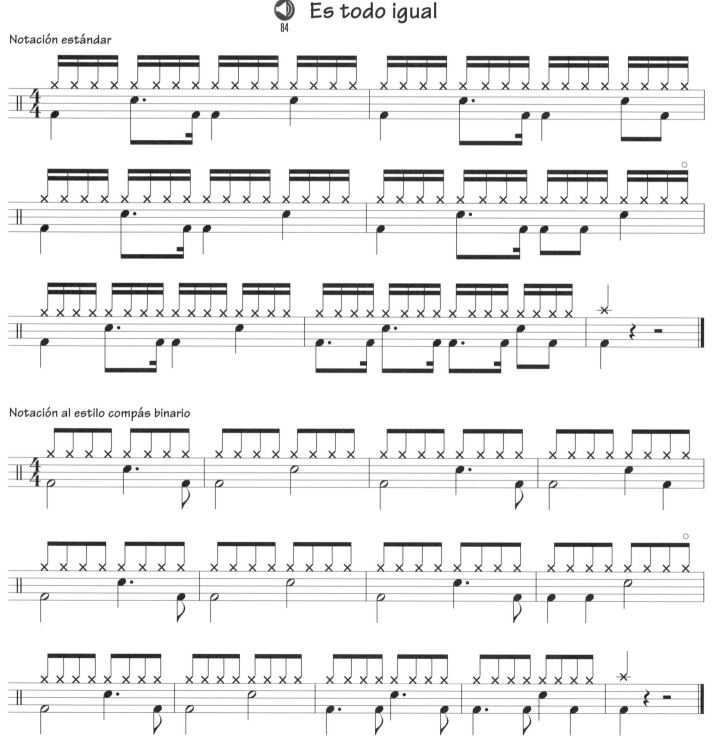

44

LECCIÓN 13
Hora de que paguen una entrada...

Esto ya no es una lección... ¡vamos a improvisar en esta sesión!

La última sección es igual en todos los libros de *FAST TRACK* (guitarra, bajo, teclado, batería). Así que tú puedes tocar solo con el audio o tú y tus amigos puedan formar una banda.

Ándale, no importa si la banda está en el audio o en tu casa, qué empiece el espectáculo...

Exit for Freedom

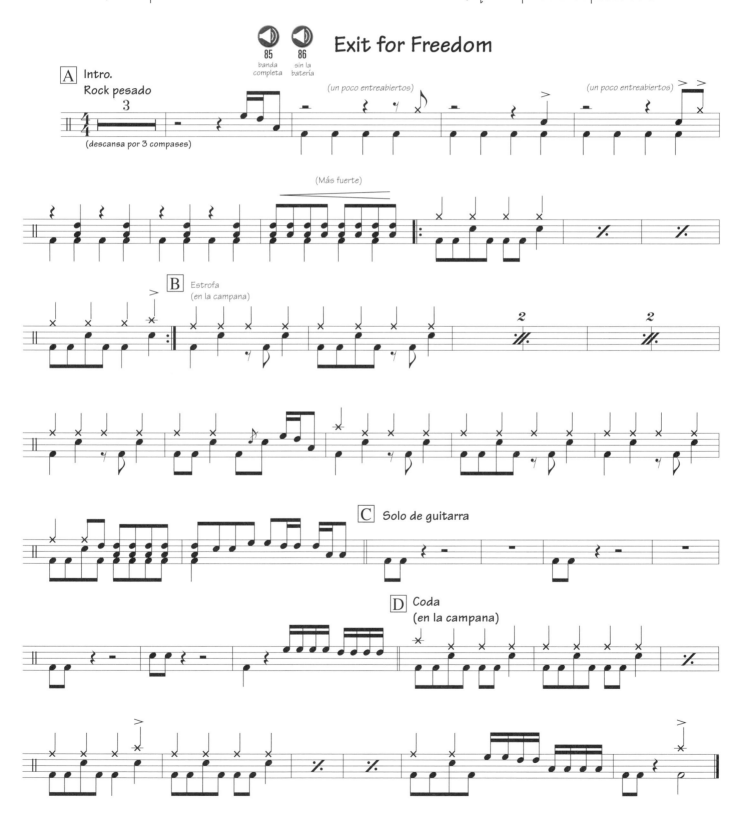

Balada acústica y en directo

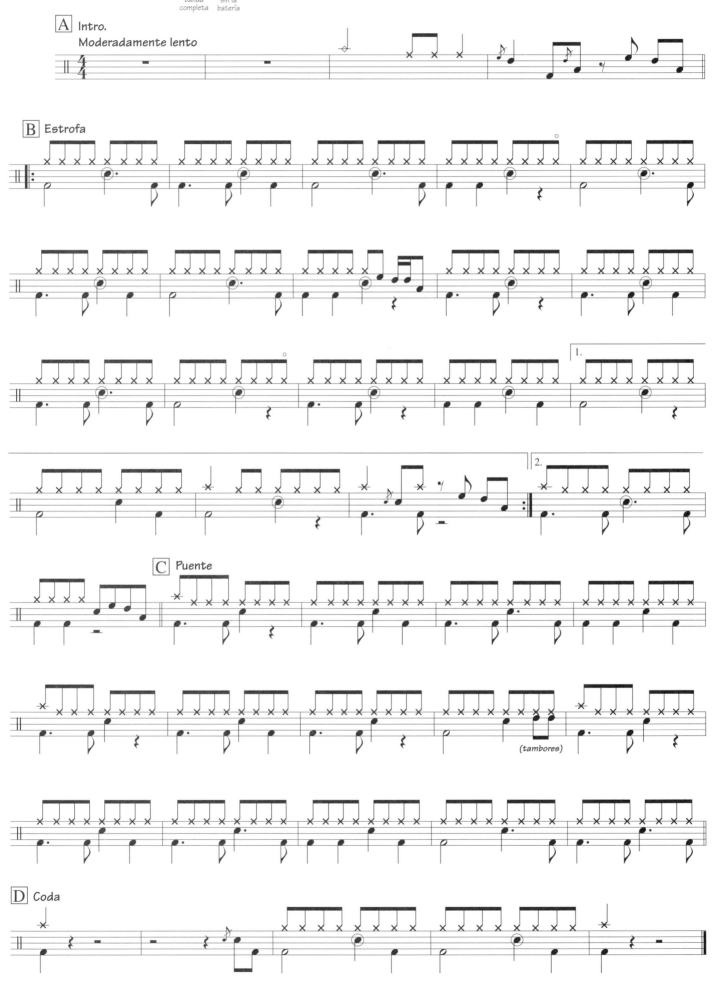

Billy B. Badd

¡Bravo! ¡Bis, bis!
Acuérdate de practicar a menudo y trata siempre de aprender más acerca de tu instrumento.

ÍNDICE DE CANCIONES

(...¿qué libro quedaría completo sin uno?)